BEI GRIN MACHT SICH IHR WISSEN BEZAHLT

Bibliografische Information der Deutschen Nationalbibliothek:

Die Deutsche Bibliothek verzeichnet diese Publikation in der Deutschen National-
bibliografie; detaillierte bibliografische Daten sind im Internet über http://dnb.d-
nb.de/ abrufbar.

Impressum:

Copyright © 2014 GRIN Verlag
Druck und Bindung: Books on Demand GmbH, Norderstedt Germany
ISBN: 9783668741010

Dieses Buch bei GRIN:

https://www.grin.com/document/429730

Simon Schilling

SaaS - Desktop- und Anwendungsvirtualisierung in der Cloud

GRIN Verlag

Wissenschaftliches Arbeiten

SaaS – Desktop- und Anwendungs-virtualisierung in der Cloud

Studiengang:	Wirtschaftsinformatik
Modul:	Wissenschaftliches Arbeiten
Semester:	2. (SS2014)
Abgabe:	06-06-2014

Autor:	Simon Schilling

Kurzfassung

Cloud Computing ist in aller Munde, doch was steckt eigentlich hinter diesem Begriff? Diese noch sehr junge Technologie wird immer häufiger von Unternehmen als flexible Lösung in Erwägung gezogen, aber auch Privatleute finden zunehmend Gefallen an dieser neuen, vernetzten Welt und den damit verbundenen Vorteilen. Wohin uns der Weg mit Cloud Computing in den nächsten Jahren führen wird, ist noch ungewiss. Jedoch kann vermutet werden, dass das Potenzial dieser Technologie bei Weitem noch nicht ausgeschöpft ist und so können wir nur gespannt sein, wohin die Reise in der Datenwolke führt.

Schlüsselwörter

Cloud - Cloud Computing – VDI – Virtualisierung – Digitales Leben – Internet – SaaS

Gliederung

Abkürzungen

ASP – Application Service Provider

BYOD – Bring your own device

CPU – Central Processing Unit

CRM – Customer Relationship Management

EC2 - Elastic Computer Cloud

I/O – Input/output

IaaS – Infrastructure as a Service

ICO – Information Commissioner's Office

IP – Internet Protocol

NIST – National Instiutute of Standards and Technology

OS – Operating System

PaaS – Platform as a Service

PET – Privacy Enhancing Technologies

PIA - Private Impact Assessments

PDA – Personal Digital Assistant

RZ – Rechenzentrum

S3 - Simple Storage System

SaaS – Software as a Service

SLA – Service Level Agreement

SOA – Service-orientierte Architektur

SQS – Simple Queue Service

URL – Uniform Resource Locator

VDI – Virtual Desktop Infrastructure

VM – Virtual Machine

W3C – World Wide Web Consortium

XML – Extensible Markup Language

1 Einführung

1.1 Problemstellung

Diese Arbeit gibt einen Überblick über das Thema Cloud-Computing im Allgemeinen und die daraus entstehenden Chancen und Risiken im Speziellen. Näher eingegangen wird dabei auf die Desktop- und Anwendungsbereitstellung als Services in der Cloud. Die essentielle Frage, die sich dabei stellt ist, ob Cloud Computing wirklich die neuartige Wunderlösung ist, mit der alles besser, flexibler und einfacher wird, oder ob man dieser jungen Technologie eher noch kritisch gegenüber stehen sollte.

1.2 Zielsetzung

Das Ziel der Forschung bezieht sich auf die Zukunftsfähigkeit von Cloud Computing. Der Fokus wurde hier auf Cloud Computing und SaaS gelegt, da alles Weitere den Umfang dieser Arbeit sprengen würde. Nicht berücksichtigt werden konnten aus diesem Grund tiefgehende Einblicke in die Architektur und wirtschaftliche Aspekte von Cloud Computing, SaaS und der Desktop- und Anwendungs-Virtualisierung. Ebenso konnte nicht konkreter auf beschreibende Zahlen und Daten aus Marktanalysen und Statistiken anderer Forschungsarbeiten eingegangen werden. Diese wurden jedoch als Hintergrundinformationen berücksichtigt und hier auch teilweise am Rande erwähnt.

1.3 Vorgehensweise

In Kapitel 1 (Einführung) wird auf die Problemstellung und Zielsetzung der wissenschaftlichen Hausarbeit eingegangen. Ab Kapitel 2 (Grundlagen) wird ein kurzer Überblick über die grundlegenden Begrifflichkeiten gegeben und somit eine fachliche Basis für das Verständnis der Thematik geschaffen. In Kapitel 3 wird die geschichtliche Entwicklung von Cloud Computing und SaaS bis zum heutigen Zeitpunkt beschrieben. Weiter wird in Kapitel 4 (Architektur) die architektonische Zusammensetzung von Cloud Computing betrachtet. Den Mittelpunkt der Arbeit bildet Kapitel 5 mit Diskussion zu Chancen und Risiken. In Kapitel 6 wird ein abschließendes Fazit gezogen, welches eine kurze Zusammenfassung mit Stellungnahme beinhaltet.

2 Grundlagen

2.1 Cloud Computing

Cloud Computing nutzt Technologien wie Virtualisierung und das Internet, um Dienste, Plattformen und ganze Infrastrukturen dynamisch und flexibel einer großen Nutzergruppe bereit zu stellen. Der User benötigt lediglich einen Browser und ein mit dem Internet verbundenes Endgerät, um die Cloud zu erreichen und seine gewünschten Services zu beziehen.[1] Somit wird das Symbol der Cloud (zu Deutsch „Wolke"), welches das Internet als Ganzes und dessen Undurchsichtigkeit aus Anwendersicht heraus repräsentieren soll, zu einem wichtigen Bestandteil heutiger IT-Architekturen.[2] Einer der entscheidenden Vorteile dieser Technologie ist die Auslagerung eines Großteils der Rechnerperformance in Rechenzentren, wo High-End-Systeme diese Arbeit übernehmen und der Anwender keinen leistungsstarken Rechner mehr benötigt. Umso wichtiger wird dadurch die Bandbreite der Nutzer in die Cloud, um alle dort angebotenen Dienste ausfallfrei nutzen zu können. Somit entwickelt Cloud Computing grundsätzlich die Idee des IT-Outsourcings weiter, damit sich die Nutzer voll und ganz auf ihr Kerngeschäft konzentrieren und periphere Geschäftsbereiche an spezialisierte Dienstleister auslagern können.[3] Heute wird Cloud Computing für eine Vielzahl von Geschäftsanwendungen und -prozesse eingesetzt. Durch die Komplexität und Vielfalt von Cloud-Computing-Architekturen - mit der möglichen Trennung von Nutzerdaten und einer geringen Störungsanfälligkeit der Dienste, sowie die gewünschte schnelle Wiederherstellung von Daten - ergeben sich große Herausforderungen für die Planung und den Betrieb dieser Plattformen. Im Juli 2011 wurde vom National Institute of Standards and Technology (NIST) eine vereinbarte Definition von Cloud Computing in einer Roadmap für Cloud-Standards festgelegt. NIST definiert Cloud Computing *„as a model for enabling ubiquitous, convenient, on-demand network access to a shared pool of configurable computing resources (e.g. networks, servers, storage, appliactions, and services) that can be rapidly provisioned and released with minimal management effort or service provider interaction".*[4] Diese Definition stellt die

---

[1] vgl. Baun et al. (2010); S. 3-4

[2] vgl. Vogel et al. (2010); S. 119ff

[3] vgl. Heng et al. (2012); S. 3

[4] Hogan et al. (2011); S. 2

wesentliche Merkmale des Cloud Computing dar: On-Demand-Self-Services, Breit-bandinternet-Zugang, Ressource-Pooling, hohe Elastizität und qualitativ gleichbleibender Service. Diese Standardisierung schafft gleiche Wettbewerbsbedingungen und klare Leitlinien zur Risikominimierung.

2.2 Cloud-Service-Modelle

NIST beschreibt drei Cloud-Servicemodelle, die jeweils unterschiedliche Definitionsansätze bündeln.[5]

1. Software-as-a-Service (SaaS) ermöglicht eine Vielzahl von Softwareanwendungen über das Internet zu nutzen, ohne diese kaufen, installieren und Verwalten zu müssen (z.B. Salesforce.com, Google Mail, Microsoft Online).

2. Plattform-as-a-Service (PaaS) bietet eine komplett internetgestützte Entwicklungsumgebung für die Entwicklung von z.B. Web-Anwendungen und Webdiensten an. Als große vertretene Unternehmen sind hier Google Apps, Salesforce.com und 3tera zu nennen.

3. Infrastructure-as-a-Service (IaaS) ermöglicht die Verwendung von Computerhardware und Systemsoftware als Service, einschließlich Betriebssystemen und Kommunikationsnetzen, wobei der Cloud-Anbieter für die Hardwareinstallation, Systemkonfiguration und die Wartung der Plattform verantwortlich ist. Als Beispiele hierfür sind Amazon EC2 oder Citrix Cloud Center zu nennen.

2.3 Cloud-Bereitstellungsmodelle

NIST unterteilt in vier Cloud-Bereitstellungsmodelle.[6]

1. Die Public Cloud ist für die allgemeine Öffentlichkeit und großen Industriegruppen angedacht, wird von Cloud-Service-Unternehmen vertrieben und kann ohne Vorab-Investitionen genutzt werden (pay-as-you-go-Prinzip).

2. Die Private Cloud stellt eine dedizierte IT-Infrastruktur bereit und wird ausschließlich für Organisationen (Unternehmen, Vereine, Behörden) betrieben.

3. Die Community Cloud wird von mehreren Organisationen gemeinsam mit dem Zweck genutzt, spezielle Communities innerhalb beispielsweise der Private Cloud

---

[5] vgl. Hogan et al. (2011); S. 15

[6] ebd.; S. 15

abzubilden (z.B. Communities mit speziellen Sicherheitsanforderungen, Richtlinien und Vorgaben oder einfach zur Kostenteilung).

4. Die Hybrid Cloud ist der Zusammenschluss zweier oder mehrerer Cloud-Modelle
(z.b. Public Cloud und Private Cloud), die zwar jeweils eigenständige Einheiten
darstellen, aber durch Standardisierung und unter dem Einsatz proprietärer Technologien eine Verschmelzung dieser ermöglichen.

2.4 Virtualisierung

Einer der Grundlagen vieler Cloud-Architekturen ist die Virtualisierung von logischen
Ressourcen auf Infrastrukturebene. Durch die Abtrennung der physikalischen Infrastruk-
tur lassen sich die zur Verfügung stehenden Ressourcen, wie z.b. Rechenleistung,
Speicherplatz oder Software, dynamisch einsetzen und verwalten. Dies bedeutet die Zu-
sammenfassung physischer Ressourcen zu Ressourcen-Pools, aus welchen dynamisch
Leistung für spezielle Aufgaben abgerufen werden kann. Es wird somit nicht jeder Server
autark betrachtet und verwaltet, sondern der Zusammenschluss vieler Rechner als großes
Ganzes.[7]

2.4.1 Hardware-Virtualisierung

Auf der Server-Hardware laufen sogenannte Hypervisor-Systeme, welche für die Verwaltung der darauf abgebildeten virtuellen Server verantwortlich sind. Der Hypervisor-
Stack bildet die Zwischenschicht zwischen der physikalischen Hardware und den darauf
aufgesetzten virtuellen Maschinen und vermittelt die einzelnen Ressourcen wie CPU, Ar-
beitsspeicher und Storage der Server-Hardware an die einzelnen virtualisierten
Serversysteme und können über diesen auch verwaltet und dynamisch angepasst werden.
Mit Hilfe der Hardware-Virtualisierung können somit mehrere Betriebssysteme und Soft-
ware-Schichten auf einem einzelnen physikalischen System abgebildet werden.[8]

2.4.2 Anwendungs-Virtualisierung

Aus der Cloud heraus können auch ganze Anwendungen (Applikationen) zur Verfügung
gestellt werden. Diese werden vom Cloud-Anbieter zentral verwaltet, was eine einfachere
Verwaltung und hohe Kompatibilität des Applikationsportfolios zur Folge hat.

---

[7] vgl. Baun et al. (2010); S. 7ff

[8] vgl. Buyya et al. (2011); S. 10ff

Heutzutage werden hauptsächlich zwei unterschiedliche Verfahren zur Applikationsbereitstellung in der Cloud eingesetzt.[9]

1. Bei Virtual Appliances werden die Anwendungen in der Cloud paketiert, können von dort heruntergeladen und auf dem eigenen Rechner betrieben werden. Das hat zur Folge, dass diese bei Ausführung auf dem Client-Betriebssystem in einer Art Sandbox[10] und damit vom Betriebssystem (OS) isoliert läuft.

2. Über Hosted Applications werden die Anwendungen im Internet bereitgestellt und über ein Streaming-Protokoll zum Client transportiert. Dieses Verfahren entspricht eher dem heutigen Cloud-Gedanken, da die benötigte Rechenleistung der Anwendung in der Cloud genutzt wird. Dieses Verfahren ist ebenfalls losgelöst von Client-Betriebssystem. Als großer Anbieter kann hier Citrix mit seiner Xen-App-Terminalserver-Technologie genannt werden.

2.4.3 Desktop-Virtualisierung (VDI)

Individuelle Arbeitsplätze lassen sich mit Hilfe der Desktop-Virtualisierung effizient abbilden, wobei sich dem User in den meisten Fällen keine Nachteile gegenüber einem physikalischen Desktop darstellen. Jedem Nutzer wird hier eine dedizierte virtuelle Maschine bereitgestellt, auf welcher nur er arbeitet. Durch eine hohe Standardisierung der virtuellen Desktops lassen sich große Einsparungen realisieren, da die Pflege der physikalischen Clients zu großen Teilen obsolet wird. Dennoch muss darauf geachtet werden, dass die Probleme und Aufwände der physikalischen Arbeitsplätze, wie z.B. Softwareverteilung, Release-Management oder Virenschutz-Updates, nicht ins Rechenzentrum ausgelagert werden. In diesem Falle würden die Kosten für die Arbeitsplätze, bedingt durch die hohen Rechenzentrenkosten (Storage, Strom, Netzwerke, Lizenzen), sogar noch weiter steigen. Durch den Einsatz von Provisionierungs-Techniken, wie sie beispielsweise VMware oder Citrix anbieten, können der Verwaltungsaufwand und die Infrastrukturkosten durch Vereinheitlichung aller virtuellen Arbeitsplätze enorm gesenkt werden. Ein weiterer Vorteil von VDI und Anwendungs-Virtualisierung ist die durch Redundanzen gegebene Ausfallsicherheit der Daten im Rechenzentrum. Auch sind die

---

[9] vgl. Baun et al. (2010); S. 15ff

[10] Eine Sandbox ist ein abgeschottetes System und bezeichnet allgemein einen isolierten Bereich, innerhalb dessen jede Maßnahme keinerlei Auswirkung auf die äußere Umgebung - in diesem Fall das Client-Betriebssystem - hat

Daten durch die zentrale Lagerung besser vor Datendiebstahl geschützt, da keine Daten nach außen getragen werden müssen.[11]

3   Entwicklung des Cloud Computing und SaaS

Ab 1960 begann der Einsatz von Computern für die Geschäftsdatenverarbeitung mit der frühen dritten Generation der Großrechner. Die anschließende Erhöhung der I/O-Bandbreite und die Entstehung von Client-Server-Anwendungen ab 1980, gefolgt von dem Aufstieg des Internets in den 1990er Jahren, führte zu webbasierten Anwendungen und E-Commerce-Plattformen. Fortschritte im Bereich Grid-Computing[12] erlaubte eine effizientere Durchführung von rechenintensiven Aufgaben.[13] ASPs boten über das Internet Software-Pakete innerhalb dedizierter Nutzerorganisationen an, welche dann lokal auf den Rechnern installiert werden mussten. Ein früher erfolgreicher ASP ist beispielsweise Salesforce.com, der über diesen Weg CRM-Lösungen anbot. Anschließend wurden Applikationen von Grund auf neu mit webbasierter Architektur erstellt und als SaaS angeboten. Mehrere Nutzer waren nun auch in der Lage, eine Anwendung gleichzeitig auf einem Host zu verwenden. Später wurden zusätzlich noch Skriptsprachen implementiert, um dies als Features und als unabhängige Entwicklerplattform zu vertreiben, womit die Entstehung von PaaS erfolgt war.[14] In den 2000er Jahren wurde im Zuge der aufkommenden Virtualisierung der Betrieb vieler logischer Betriebssysteme auf einer einzelnen physikalischen Hardware möglich. Amazon nutze das Potential der Virtualisierung, um effizient und effektiv die Nachfrageschwankungen durch die Einführung von S3 (Simple Storage System) und EC2 (Elastic Computer Cloud) auszugleichen, wobei die Nutzer Storage und Rechenleistung auf Amazon-Systemen kaufen und nutzen konnten. Außerdem stellte Amazon seine eigenen System-Software-Tools, wie Amazon SQS (Simple Queue Service) und SimpleDB (nicht-relationale Datenbank) zur Verfügung. Amazons

---

[11] vgl. Sieber, R. (2011)

[12] Unter Grid-Computing versteht man im Allgemeinen eine Form des verteilten Rechnens, bei dem sich ein virtueller Supercomputer aus vielen kleinen, meist auch geografisch getrennten Rechnern, zusammensetzt.

[13] vgl. Shroff (2010); S. 3ff

[14] ebd.; S. 16ff

Cloud entspricht dem heutigen Gedanke von IaaS.[15] Google entwickelte ein weltweit verteiltes System, um seine komplexen und umfangreichen Suchanfragen und die Algorithmen-Berechnungen für seine maßgeschneiderte Werbung zu unterstützen. Die Google Cloud, auch unter „Google App Engine" bekannt, baut ebenfalls auf dem PaaS-Gedanke auf. Die SaaS-Technologie konnte also nur durch stetige Weiterentwicklung entstehen und hat mit der früheren Technologie der ASP nicht mehr viel gemeinsam. Bei SaaS wird die Software nicht mehr gekauft, hier bezahlt der Anwender nur noch eine zuvor vereinbarte Nutzungsgebühr. SaaS ist ebenfalls multi-mandantenfähig, wobei mehrere Nutzer den angeforderten Service zur gleichen Zeit von unterschiedlichen Standorten über das Internet nutzen können, ohne dass diese gegenseitig Einblick in ihre Daten erhalten.

4 Cloud Computing Architektur

4.1 Service-orientierte Architektur (SOA)

Neben der Virtualisierung sind Service-orientierte Architekturen und Web-Services als fundamentale Voraussetzung für das Cloud Computing zu verstehen. Die serviceorientierte Architektur (SOA) ist ein Architekturparadigma der Informationstechnologie aus dem Bereich der verteilten Systeme, wodurch IT-Infrastrukturen bei der Bereitstellung von Services effizienter und strukturierter gestaltet werden können. Dabei stellt jeder Dienst einen unabhängigen Service dar. Die Orientierung an den Geschäftsprozessen, welche häufig als Vorlage für die Gestaltung der Dienste verwendet wird, spielt meist eine übergeordnete Rolle. Durch die Verknüpfung von Basisdiensten können Services einer höheren Abstraktionsebene mit standardisierten Schnittstellen bereitgestellt werden, ohne dass der Nutzer etwas von der dahinter liegenden Anwendungskomplexität erfährt oder zur Verwendung der bereitgestellten Cloud-Dienste wissen muss. Diese Architekturen setzen eine starke Integration der einzelnen IT-Komponenten voraus, um deren Zusammenspiel einfach und kostengünstig zu gestalten. Diese bestehen meist aus verteilten Komponenten, über welche heterogene Nutzer und Anbieter Dienste plattformunabhängig nutzen und auch bereitstellen können.[16]

---

[15] vgl. Velte et al. (2010); S. 41ff

[16] vgl. Baun et al. (2010); S. 16ff

4.2   Cloud-Komponenten

4.2.1   Clients (Endgeräte)

Über Clients findet die Interaktion zwischen Nutzer und der Cloud statt. Die Endgeräte werden im Allgemeinen in drei unterschiedlichen Kategorien eingeteilt.

1. Zu Mobile Devices zählen alle mobilen Endgeräte wie PDAs und Smartphones.
2. Thin Clients sind Computer mit geringen Hardwareanforderungen. Sie sollen primär die Informationen der bezogenen Dienste anzeigen und kommen oftmals ohne interne Festplatte aus.
3. Thick Clients sind reguläre Computer, die einen Web Browser nutzen, um auf die Cloud zugreifen zu können.

Durch den Einsatz von Thin-Clients kann eine erhebliche Kostensenkung erzielt werden. Diese Systeme können leichter verwaltet werden und bieten durch ihre minimierte Hardware weniger Angriffspunkte für Ausfälle (beispielsweise Virenbefall schwieriger ohne Festplatte), das alles bei niedrigerem Stromverbrauch.[17] Über BYOD-Technologien (Bring your own device) können heute alle gängigen mobilen Geräte an der Cloud teilnehmen. Für Unternehmen hat dies den Vorteil, dass die Mitarbeiter ihre eigenen Endgeräte als Zugriffspunkt für die Cloud nutzen und somit immer weniger vom Unternehmen bereitgestellte Hardware benötigt wird. Nachteile ergeben sich allerdings bei der Verwaltung und den Sicherheitsanforderungen der nutzereigenen Endgeräte, da sich hierdurch die Welten der geschäftsrelevanten und persönlichen Daten immer stärker mischen und - aus Sicht der IT-Sicherheit sehr relevant - immer schwerer abzugrenzen sind.[18]

4.2.2   Rechenzentrum (RZ)

Ein Rechenzentrum ist ein Gebäude, in dem zentralisiert viele Computersysteme und die dazugehörigen Infrastrukturkomponenten, wie Telekommunikations- und Speichersysteme, meist für mehrere Unternehmen, beherbergt werden. Es umfasst in der Regel eine redundant ausgelegte Infrastruktur über alle Bereiche hinweg (Stromzufuhr, Kommunikationsnetzwerke, Klimaanlage, Brandbekämpfung), um eine maximale Sicherheit für

---

[17] vgl. Velte et al. (2009); S. 7

[18] vgl. Krimmer (2011); S. 14ff

diesen Standort zu gewährleisten.[19] Rechenzentren sind das Herzstück des Cloud Computing. Hier werden meist alle Systeme, vom Webserver zur Anmeldung am Cloud-Dienst, über Applikationsserver, bis hin zu den Datenbank- und Storage-Systemen betrieben. Je nach Modell erstreckt sich die Cloud eines Anbieters über eines oder mehrere Rechenzentren, meist weltweit an strategisch wichtigen Standorten verteilt, um so viele Nutzer wie möglich mit den Services bedienen zu können.

5   Chancen und Risiken von Cloud Computing

Einer der Hauptgründe für den Erfolg von Cloud Computing aus unternehmerischer Sicht ist die deutliche Verringerung der Kapitalinvestitionen, welche einen durchschnittlichen Mittelwert von über 50 Prozent des Investitionsbudgets betragen.[20] Auch ermöglicht Cloud Computing den Unternehmen ihre Kosten an ihre Einnahmen zu binden, welche je nach saisonalen Anforderungen stark schwanken können. Somit ist eine gewisse Flexibilität der Ressourcen und somit auch eine Über- (Verschwendung von Ressourcen) bzw. Unterversorgung (Verlust potenzieller Einnahmen) aufgrund des schwankenden Geschäfts gegeben.[21] Darüber hinaus können notwendige Ressourcen innerhalb kürzester Zeit bereitgestellt und die eigentlich verwendete Infrastruktur für spezielle Projekte innerhalb weniger Tage konfiguriert werden. Ebenfalls können Vorlaufkosten für einige Services wegfallen. Weitere Kosten können aber z.B. durch die Entwicklung von Logarithmen für die virtuellen Maschinen (VMs) entstehen, um eine effiziente und effektive Auslastung der Ressourcen zu erreichen.[22] Die Cloud-Technologien unterwerfen sowohl die Anbieter als auch die Nutzer mehrerer Herausforderungen und Risiken. Als Reaktion auf die Sicherheitsrisiken des Cloud Computing erstellte NIST eine Cloud Computing Arbeitsgruppe für Sicherheit, um Unternehmen bei der Entwicklung von Richtlinien zur Datensicherheit und Regierungssystemen zu unterstützen. Zusätzlich haben Cloud-Anbieter Kontrollen für die Bewertung und den Umgang mit Cloud-Risiken entwickelt und

---

[19] vgl. Velte et al. (2009); S. 7ff

[20] vgl. Heng et al. (2012); S. 5ff

[21] Aus Sicht des Cloud-Anbieters sind die Kosten für die Nutzung von 100 Servern für eine Stunde und die Nutzung von einem Server für 100 Stunden dieselben. Diese ermöglicht eine sehr flexible Preisgestaltung und bewirkt ebenfalls eine Steigerung der Plattformauslastung und somit einen Mehrwert durch effektivere Geschäftsabläufe.

[22] vgl. Buyya et al. (2009)

implementiert. Es soll damit die Bedeutung der Vertraulichkeit, der Integrität und der Verfügbarkeit der Daten in der Cloud hervorgehoben und verbessert werden.[23] Um einem etwaigen Datenausfall vorzubeugen und die oftmals sicherheitskritischen Daten zu schützen, sollten beispielsweise alle Daten durch Verschlüsselungs-Algorithmen und gut definierte Kontrollen unberechtigte Zugriffe auf fremde Daten unmöglich machen. Auch sollten Cloud-Anbieter regelmäßige Datensicherungen und die Lagerung der Backup-Medien planen. Darüber hinaus können Service Level Agreements (SLAs) für die Definition der Rollen und Verantwortlichkeiten zwischen den Nutzern und den Cloud-Anbietern verwendet werden, um die Verfügbarkeit und Wiederherstellung der Daten zu gewährleisten. Andere Studien empfehlen, den Datenschutz und die Datensicherheit noch weiter zu verbessern. So wird die Verwendung des Private Impact Assessments (PIA) zur Folgenabschätzung der durch die Nutzung entstehenden Risiken für die Privatsphäre von Personen empfohlen, welches vom britischen Information Commissioner's Office (ICO) ins Leben gerufen wurde.[24] PIA wird in den frühen Phasen der Entwurfsprozessen neuer Technologien mit dem Hintergrund eingebracht, bei nicht akzeptablen Datenschutzrisiken das Design dahingehend zu ändern, dass Risiken frühzeitig abgefangen und umgangen werden können. Datenschutzanforderungen werden in die unterschiedlichen Cloud-Lebenszyklen integriert und auch untersucht. Unternehmen können hierzu auf die Privacy Enhancing Technology (PET) zurückgreifen. Alle Cloud-Anbieter sollten die Verfügbarkeit von effektiven Sicherheitsrichtlinien und Sicherheitskontrollen vorweisen und sich an klare Standards halten, damit die Cloud auch weiterhin grenzüberschreitend genutzt und somit die Risiken gering gehalten werden können.[25]

6   Fazit

Es wird deutlich, dass durch den allgemeinen Wandel in der Geschäftswelt, der Globalisierung und den technologischen Fortschritten der letzten Jahre viele Unternehmen innovative Geschäftsmodelle entwickelt haben, um eine Perfektionierung ihres täglichen Geschäftsbetriebs erreichen zu können. Cloud Computing hat sich aus den Generationen der Großrechner, der Client-Server-Architekturen, den ASP und SaaS heraus zu dem

---

[23] vgl. Harauz et al. (2009)

[24] vgl. Pearson (2009); S. 5ff

[25] vgl. Vael, M. (2010)

entwickelt, was es heute ist. Mit den Vorteilen und Möglichkeiten, die Cloud Computing bietet, wird der Geschäftsbetrieb in Unternehmen dennoch immer komplexer, was auch einen Anstieg der damit verbundenen Risikofaktoren nach sich zieht. Viele dieser Risiken werden dennoch durch die stetige Aktualisierung der Cloud Standards durch Leitlinien für die korrekte Nutzung und einen sicheren Betrieb abgefedert. Durch die Literatur-recherche über die Auswirkung der IT durch Cloud-Computing wurde deutlich, dass die meisten Autoren positiv und zuversichtlich der Cloud-Technologie gegenüber stehen. So kann in Zukunft mit immer größerem Interessensaufkommen an Cloud Computing durch Unternehmen und Öffentlichkeit gerechnet werden, da ein Großteil dieses Interessenkreises der Zukunft von Cloud Computing ebenfalls positiv entgegen blickt.

Literaturverzeichnis

Baun, C.; Kunze, M.; Nimis, J.; Tai, S. (2010): Cloud Computing. Webbasierte dynamische IT-Services. Informatik im Fokus. Springer Verlag (Hrsg.). Heidelberg 2011.

Buyya, R.; Yeo, C. S.; Venugopal, S.; Broberg, J.; Brandic, I. (2009): Cloud Computing and emerging IT platforms. Vision, hype and reality for delivering computing as the 5th utility. Future Generation Computer Systems 25. Elsevier (Hrsg.) 2009, S. 599-616.

Grabski, S. V.; Leech, S. A.; Schmidt, P. J. (2011): A review of ERP research. A future agenda for accounting information systems. Journal of Information Systems 25. American Accounting Association (Hrsg.) 2011, S. 37-78.

Harauz, J.; Kaufman, L. M.; Potter, B. (2009): Data security in the world of cloud computing. IEEE Security & Privacy 7. IEEE (Hrsg.) 2009, S. 61-64.

Heng, S.; Neitzel, S. (2012): Cloud Computing. Freundliche Aussichten für die Wolke. Deutsche Bank Research (Hrsg.) 2012. *Verfügbar unter (Stand 29.05.2014, 20:22Uhr): www.dbresearch.de/MAIL/DBR_INTERNET_DE-PROD/PROD0000000000283604.pdf*

Hogan, M.; Liu, F.; Sokol, A.; Tong, J. (2011): NIST Cloud Computing Standards Raodmap. NIST Special Publication 500-291. NIST (Hrsg.) 2011. *Verfügbar unter (Stand 23.05.2014, 19:20Uhr): http://www.nist.gov/customcf/get_pdf.cfm?pub_id=909024*

Krimmer, M (2011): Mein digitales Leben in der Cloud. Alle Daten sicher im Zugriff mit Mac, Windows-PC, iPad, iPhone, Android-Smartphone und BlackBerry. Mandl & Schwarz-Verlag (Hrsg.) 2011.

Pearson, S. (2009): Taking Account of Privacy when Designing Cloud Computing Services. Proceedings of the 2009 ICSE Workshop on Software Engineering Challenges of Cloud Computing. Washington DC 2009. *Verfügbar unter (Stand 28.05.2014, 17:45Uhr): http://de.slideshare.net/whitepapers/ taking-account-of-privacy-when-designing-cloud-computing-services#*

Sieber, R. (2011): Wann lohnt sich Desktop-Virtualisierung. Computerwoche (Hrsg.) 2011. *Verfügbar unter (Stand 29.05.2014, 18:21Uhr):*
http://www.computerwoche.de/a/wann-lohnt-sich-desktop-virtualisierung,1937488,4

Shroff, G. (2010): Enterprise Cloud Computing. Technology, Architecture, Application. Cambridge University Press (Hrsg.). New York 2010.

Vael, M. (2010): Cloud Computing: An insight in the governance and security aspects. ISACA (Hrsg.) 2010. *Verfügbar unter (Stand 31.05.2014, 12:37Uhr):*
http://www.isaca.org/Groups/Professional-English/information-secuirty-
management/GroupDocuments/Across%20cloud%20Computing%
20governance%20and%20risks%20May%202010.pdf

BEI GRIN MACHT SICH IHR WISSEN BEZAHLT

- Wir veröffentlichen Ihre Hausarbeit, Bachelor- und Masterarbeit

- Ihr eigenes eBook und Buch - weltweit in allen wichtigen Shops

- Verdienen Sie an jedem Verkauf

Jetzt bei www.GRIN.com hochladen und kostenlos publizieren